Entre nous 1

by *Danièle Bourdais & Sue Finnie*

Commissioning Editor Teresa Adams
Editor Nicola Lester
Design Katie Pett
Illustrations Peter Adderley • James Walmesley

LCP • Hampton House • Longfield Road • Leamington Spa • Warwickshire • CV31 1XB
tel: 01926 886914 **fax:** 01926 887136
e-mail: mail@LCP.co.uk **website:** www.LCP.co.uk

ISBN 1 905101 01 5

Acknowledgements
The authors and publisher would like to thank Bev Hallam, Saveria Mezzana, Daniel Pageon, Sophie Pageon, Charles Sanders, Geneviève Talon, Sabine Williams and Motivation Studios for their valuable contribution to this publication.

Introduction

Entre nous 1 is a pack of enjoyable and imaginative activities which provides a wide range of speaking practice for pupils in their first year of learning French. It covers National Curriculum Levels 1–3 and is based on units 1–6 in the QCA Scheme of Work for French. It can also be used to support the teaching of the Key Stage 3 MFL Framework Objectives for Year 7, particularly 7L1–7L6. The contents pages give a detailed list of which Framework Objectives and National Curriculum Levels are covered in each section. Levels for speaking are given first, followed by listening levels, and levels for reading and writing are given in square brackets. The activities are designed to support and complement the material in all major courses. They provide an opportunity for speaking practice of known key language and are not intended as presentation or test material.

Aims

- To provide activities that give pupils a genuine reason to talk to each other and offer a result or an end product:
    - playing a game;
    - learning something about the world around them;
    - learning something about themselves;
    - solving a problem or logic puzzle.
- To focus on a grammatical point or specific language in a meaningful context in each section.
- To offer speaking practice that encourages repetition in ways that will motivate and involve pupils fully.
- To allow pupils to work in pairs independently of the teacher, maximising the time available for each pupil to speak and fostering self-reliance.
- To develop thinking skills and a creative approach to solving a task.

Content

There are six units in **Entre nous 1**, which are each divided into three sections.
Each section consists of:
- two pages (A and B) in the flipbook, which are the focus of the game or task;
- one photocopiable worksheet, providing preparatory listening activities and a place to record answers to the flipbook activity;
- accompanying audio material on CD;
- teacher's notes with key language, example of pupils' exchange, brief teaching suggestions, suggestions for extending more able pupils, transcript and answers.

Activities may be completed using the flipbooks alone if you prefer, perhaps as revision at a later stage or for cover lessons.

Suggestions for using Entre nous

The pack is designed for oral pairwork. The activities are not graded in difficulty and may be used in any order. Use the contents list to choose a language point or context that you have covered in class and would like to consolidate.

Make photocopies of the relevant worksheet and distribute one to each pupil.

Play the recording and allow pupils to complete the first section of the worksheet to highlight the language they will need to use. Divide the class into pairs and give each pair a flipbook. Pupils stand the book between them on the desk with the spiral binding at the top so that one can read page A and the other page B.

Pupils read the instructions in the left-hand column and complete the task, using the lower part of the worksheet to record their answers. While pupils are working, circulate and provide support, encouragement and clarification, and gently model correct pronunciation if required. Once the task has been completed, you could organise a brief plenary where the class discuss the result of the activity, how they enjoyed it and what they learnt. Encourage pupils to do the extra speaking activity on the flipbook (indicated by the yellow circle) or the follow-up writing activity (the final activity) on the worksheet. These could be useful for challenging those pairs of pupils who finish the main task before the rest of the class or as homework.

Contents

Unit 1

1 Bataille!

language content	numbers 1–31, alphabet
context	battleships-style game
NC AT levels	2.1, 1.1 [3.1, 4.1]
framework objectives	7W6, 7W7, 7L1

2 Bon anniversaire!

language content	birthdays, dates (day and month)
context	famous people's birthdays and star signs
NC AT levels	2.2, 1.2 [3.1, 4.2]
framework objectives	7S3, 7S4, 7L1, 7L2, 7L3, 7L6

3 Dans mon cartable

language content	*il y a* + names of school items
context	logic game
NC AT levels	2.1, 1.1 [3.1, 4.1]
framework objectives	7W1, 7S1, 7L1, 7L2, 7L4

Unit 2

1 Animaux sympa

language content	*j'ai/je n'ai pas de* + pets
context	spot the difference game
NC AT levels	2.2, 1.2 [3.1, 4.2]
framework objectives	7S4, 7S5, 7S9, 7L1, 7L2, 7L3, 7L4, 7L6

2 Le bon prix

language content	numbers 20–69 (asking/giving prices); personal possessions
context	'the price is right'-style game
NC AT levels	2.2, 1.1 [3.1, 4.2]
framework objectives	7W1, 7S1, 7L1, 7L2, 7L3, 7L4, 7L5, 7L6

3 Marathon en famille

language content	family members; *de* for possession
context	guessing game puzzle
NC AT levels	2.2, 1.2 [3.1, 4.2]
framework objectives	7S4, 7L1, 7L2, 7L4, 7L5

Unit 3

1 Tu dors où?

language content	describing rooms of house: *il y a* + preposition *dans*; use of negative (*non, il n'y a pas de...*)
context	whereabouts of ghosts and vampires in haunted house
NC AT levels	2.2, 1.2 [3.1, 4.2]
framework objectives	7W2 (*il y a*), 7S5, 7T5, 7L1, 7L2, 7L3

2 À quelle heure?

language content	asking at what time something starts and finishes: *ça commence/finit à quelle heure?*
context	planning activities for an afternoon and evening
NC AT levels	2.3, 1.2 [3.1, 4.3]
framework objectives	7W2 (*à*), 7S9, 7L1, 7L2, 7L3, 7L6

3 Tu aides à la maison?

language content	talking about housework using *je* and *tu* + regular *-er* verbs/*aller*
context	test about who does the most to help at home
NC AT levels	2.2, 1.2 [3.2, 4.3]
framework objectives	7W5, 7S4, 7S7, 7L1, 7L2, 7L6

Unit 4

1 En ville

language content	*tu es allé(e) à* + names of places in town
context	game to beat partner in finding places
NC AT levels	2.2, 1.2 [3.1, 4.2]
framework objectives	7W4, 7W5, 7L1, 7L2, 7L3, 7L6

2 Jeu-test: Tu vas vivre 100 ans?

language content	activities/daily routine; present tense questions with *tu*
context	healthy lifestyle quiz
NC AT levels	2.3, 1.3 [3.2, 4.3]
framework objectives	7W2, 7S7, 7L1, 7L2, 7L3, 7L5, 7L6

3 Les passe-temps préférés

language content	numbers 20–100 (percentages); *aimer* + hobbies; agreeing/disagreeing
context	finding out most popular hobbies
NC AT levels	2.3, 1.3 [3.1, 4.2]
framework objectives	7W5, 7S1, 7S4, 7L1, 7L2, 7L3, 7L4, 7L5, 7L6

Unit 5

1 Au collège

language content	*j'aime/tu aimes* + names of school subjects
context	logic game
NC AT levels	2.2, 1.2 [3.2, 4.2]
framework objectives	7W1, 7S1, 7L1, 7L2, 7L4, 7L6

2 L'emploi du temps

language content	timetable (subjects, days of the week, times)
context	guessing game
NC AT levels	2.3, 1.2 [3.1, 4.2]
framework objectives	7W3, 7S4, 7L1, 7L2, 7L4, 7L6, 7C2

3 L'école: tu aimes ou pas?

language content	likes and dislikes in context of school life; using quantifiers (*très, beaucoup, pas du tout*); negatives (*ne…pas*)
context	mini-test: find out what sort of pupil you are
NC AT levels	2.3, 1.3 [3.2, 4.3]
framework objectives	7T1, 7T2, 7T6, 7L1, 7L4, 7L5, 7L6

Unit 6

1 Médailles pour tous

language content	*jouer à/faire de* + sport; all parts of present tense
context	battleships-style game
NC AT levels	2.2, 1.3 [3.2, 4.3]
framework objectives	7W5, 7T6, 7L1, 7L2, 7L3, 7L6

2 L'école de musique

language content	*jouer de* + musical instruments; days of the week; time on the hour
context	studying a timetable to solve a problem
NC AT levels	2.3, 1.3 [3.2, 4.3]
framework objectives	7W1, 7W2, 7S4, 7S6, 7L1, 7L2, 7L3, 7L4, 7L5, 7L6

3 Le métier idéal

language content	expressions of frequency; hobbies/daily routine
context	quiz to find your ideal job
NC AT levels	2.3, 1.3 [3.3, 4.3]
framework objectives	7S1, 7S9, 7T2, 7L1, 7L2, 7L3, 7L6

Nom: _____

Bataille!

1. Listen and join the dots. What do you see?

1 ●	2 ●	3 ●	4 ●	5 ●
6 ●	7 ●	8 ●	9 ●	10 ●
11 ●	12 ●	13 ●	14 ●	15 ●
16 ●	17 ●	18 ●	19 ●	20 ●
21 ●	22 ●	23 ●	24 ●	25 ●
26 ●	27 ●	28 ●	29 ●	30 ●

2. Listen and complete each cluster of letters.

1. A __ K   2. B __ D __ P __ V

3. F __ M __ R __ Z   4. Q __

5. I __ __ Y   6. E __ W

3. Play the game of battleships using the grids on the flipbook.

  a) Write your six words in the blank grid below.
      Find your partner's words by giving the coordinates for a square, e.g. *vingt-quatre/trois.*
      Note your partner's answers: *Raté = X Touché = ✔* or write the letter. You get another go if you hit a letter.

  b) Reply to your partner's coordinates as appropriate: *Raté!* (for an empty square), *Touché!* (for a square which is next to one with a letter in it) or say the letter.

	16	17	18	19	20	21	22	23	24	25	26	27	28	29	30	31
0																
1																
2																
3																
4																
5																
6																
7																
8																
9																
10																
11																
12																
13																
14																
15																

4. Listen to your partner's coordinates and circle the letters you've noted in the grid above. Which words do they spell?

Bataille!

Aim

Pupils exchange coordinates (using numbers 0–31) to find and spell the six words of French origin featured on the grids.

NC AT levels
2.1, 1.1 [3.1, 4.1]
framework objectives
7W6, 7W7, 7L1

Key language

numbers 0–31
letters of the alphabet
Raté!
Touché!

Teaching suggestions

Make sure all pupils are comfortable with the productive use of numbers 0–31, letters of the alphabet and that they know how to use coordinates.

Example of pupils' exchange

A: says coordinates (using numbers 16–31 and 0–15), *e.g. vingt-quatre/trois*
B: *Raté!* or *Touché!* or letter of alphabet.

Extend more able pupils

– by including the use of colours, e.g.
A: *17–1?*
B: *B rouge.*
   Each colour could have bonus points:
   red: 1, blue: 2, etc.
– by getting pairs to invent a code. They then exchange coded messages, e.g. letter A = 26, letter B = 25, etc.
A: *24–26   5–26?*
B: *Ç–A   V–A?*
A: *Oui, c'est ça!*

Transcript CD tracks 1–2

1. *Écoute bien!* 18, 19, 20, 14, 15, 9, 3, 8, 13, 18, 23, 22, 21, 27, 28, 29, 25, 24, 23.
   Alors, 18, 19, 20, 14, 15, 9, 3, 8, 13, 18, 23, 22, 21, 27, 28, 29, 25, 24, 23.

2. 1. *A H K*
      A H K
   2. *B C D G P T V*
      B C D G P T V
   3. *F L M N R S Z*
      F L M N R S Z
   4. *Q U*
      Q U

   5. *I J X Y*
      I J X Y
   6. *E O W*
      E O W

   A B C D E F G H I J K L M N
   O P Q R S T U V W X Y Z

Answers to activities

1. A boat

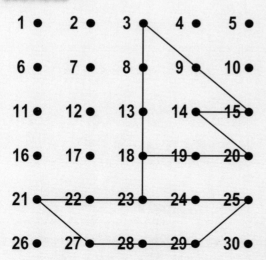

2. 1. *A H K*
   2. *B C D G P T V*
   3. *F L M N R S Z*
   4. *Q U*
   5. *I J X Y*
   6. *E O W*

Bon anniversaire!

1. a) Listen and tick the months as they are mentioned.

janvier	février	mars	avril	mai	juin
juillet	août	septembre	octobre	novembre	(example) décembre ✓

b) Listen again and number the French star signs in the order you hear them. Can you work out what they are in English?

 Balance ☐ _____ Gémeaux ☐ _____ Scorpion ☐ _____

Bélier ☐ _____ Lion ☐ _____ Taureau ☐ _____

Cancer ☐ _____ Poissons ☐ _____ Verseau ☐ _____

(example) Capricorne 1 Capricorn Sagittaire ☐ _____ Vierge ☐ _____

2. Listen and complete these sentences about two people.

a) _____ ,

c'est quand, son anniversaire?

C'est le _____ .

Il est de quel signe?

Il est _____ .

b) _____ ,

c'est quand, son anniversaire?

C'est le _____ .

Il est de quel signe?

Il est _____ .

3. Play the game on the flipbook. Ask your partner the birthday of a famous person and note it in the grid below. Your partner asks you what sign it corresponds to and notes it down. Then swap roles.

20/01–18/02	19/02–20/03	21/03–19/04	20/04–20/05	21/05–21/06	22/06–22/07
C. Dickens	A. Einstein	C. Chaplin	F. Nightingale	M. Monroe	N. Mandela
__ / __	__ / __	__ / __	__ / __	__ / __	__ / __
23/07–22/08	23/08–22/09	23/09–22/10	23/10–21/11	22/11–21/12	22/12–19/01
J.K. Rowling	Mère Térésa	Gandhi	M. Curie	E. Piaf	J.R.R. Tolkien
__ / __	__ / __	__ / __	__ / __	__ / __	__ / __

4. Write speech bubbles for your six favourite famous people.

(example)

> Je m'appelle Albert Einstein. Mon anniversaire, c'est le 14 mars. Mon signe, c'est Poissons.

Bon anniversaire!

Aim

Pupils ask each other questions about famous people's birthdays and star signs and find out with whom they share a star sign.

NC AT levels
2.2, 1.2 [3.1, 4.2]
framework objectives
7S3, 7S4, 7L1, 7L2, 7L3, 7L6

Key language

numbers 1–31

janvier	juillet
février	août
mars	septembre
avril	octobre
mai	novembre
juin	décembre

dates, e.g. *le deux février*

C'est quand, son/ton anniversaire?

C'est le + day/month

Il/Elle est de quel signe?

Son/Ton anniversaire, c'est en + month

Son/Ton anniversaire, c'est le + day

Teaching suggestions

Make sure all pupils are comfortable with the key language and can ask for and state someone's birthday and star sign.

Example of pupils' exchange

A: *Albert Einstein – c'est quand, son anniversaire?*
B: *C'est le 14 mars. Il est de quel signe?*
A: *Il est Poissons.*

A: *Ton anniversaire, c'est en janvier?*
B: *Oui or Non, avant/après.*
A: *Tu es Bélier?*
B: *Oui!*
A: *Ton anniversaire, c'est le 22 mars?*
B: *Oui or Non, avant/après.*

Extend more able pupils

– by asking them to spell the name of the star sign
– by including the use of colours (linking star signs and their associated colours), e.g.

A: *C'est quoi, la couleur de ton signe?*
B: *C'est le violet.*
A: *Tu es Verseau!*

Transcript CD tracks 3–4

1. *Décembre–janvier, c'est Capricorne.*
   Juin–juillet, c'est Cancer.
   Juillet–août, c'est Lion.
   Janvier–février, c'est Verseau.
   Novembre–décembre, c'est Sagittaire.
   Mai–juin, c'est Gémeaux.
   Août–septembre, c'est Vierge.
   Février–mars, c'est Poissons.
   Octobre–novembre, c'est Scorpion.

   Avril–mai, c'est Taureau.
   Septembre–octobre, c'est Balance.
   Mars–avril, c'est Bélier.

2. a) *Charles Dickens, c'est quand, son anniversaire?*
      C'est le 7 février. Il est de quel signe?
      Il est Verseau.
   b) *Albert Einstein, c'est quand, son anniversaire?*
      C'est le 14 mars. Il est de quel signe?
      Il est Poissons.

Answers to activities

1. a) all months should be ticked twice.
   b)
Balance:	11	Libra
Bélier:	12	Aries
Cancer:	2	Cancer
Capricorne:	1	Capricorn
Gémeaux:	6	Gemini
Lion:	3	Leo
Poissons:	8	Pisces
Sagittaire:	5	Sagittarius
Scorpion:	9	Scorpio
Taureau:	10	Taurus
Verseau:	4	Aquarius
Vierge:	7	Virgo

2. a) *Charles Dickens,*
      7 février, Verseau
   b) *Albert Einstein,*
      14 mars, Poissons

3.

Verseau 20/01 – 18/02	Poissons 19/02 – 20/03	Bélier 21/03 – 19/04	Taureau 20/04 – 20/05
C. Dickens 7/02	A. Einstein 14/03	C. Chaplin 16/04	F.Nightingale 12/05
Gémeaux 21/05 – 21/06	Cancer 22/06 – 22/07	Lion 23/07 – 22/08	Vierge 23/08 – 22/09
M. Monroe 1/06	N. Mandela 18/07	J.K. Rowling 31/07	Mère Térésa 27/08
Balance 23/09 – 22/10	Scorpion 23/10 – 21/11	Sagittaire 22/11 – 21/12	Capricorne 22/12 – 19/01
Gandhi 2/10	M. Curie 7/11	E. Piaf 19/12	J.R.R.Tolkien 3/01

Dans mon cartable

1. Listen and number the objects in the order they are mentioned.

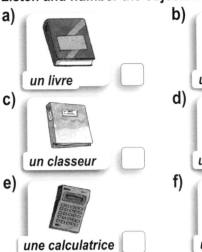

a) *un livre* ☐

b) *un cahier* ☐

c) *un classeur* ☐

d) *une trousse* ☐

e) *une calculatrice* ☐

f) *une règle* ☐

g) *des crayons de couleurs* ☐

h) *des ciseaux* ☐

2. Listen to Luc and Léa playing the game and work out which is Luc's grid (A, B or C). Tick the box.

	1	2	3	4
A ☐				
B ☐				
C ☐				

3. Play the two games on the flipbook and record your answers in the blank grid on the right-hand side of this sheet.

4. Write down four items you have in your school bag, adding one odd-one-out. Swap your list with a partner. Try to work out each other's odd-one-out.

example

A: writes: *Dans mon cartable, il y a un classeur, un livre, un cahier, des crayons et une règle.*

B: *Dans ton cartable, il y a un classeur, un livre, un cahier et une règle.*

A: *Non!*

B: *Dans ton cartable, il y a un classeur, un livre, un cahier et des crayons.*

A: *Oui!*

1	2	3	4
cahier	calculatrice	ciseaux	règle

Dans mon cartable

NC AT levels
2.1, 1.1 [3.1, 4.1]
framework objectives
7W1, 7S1, 7L1, 7L2,
7L4

Aim

Pupils play a game requiring them to work out a combination of objects, using *il y a* + item.

Key language

dans mon/ton cartable	un classeur
il y a	des crayons de couleurs
et	un livre
un cahier	une règle
une calculatrice	une trousse
des ciseaux	une chose dans l'ordre

Teaching suggestions

Make sure all pupils are comfortable with the key language and can ask and state what there is in their school bag. Point out the position of *et* (before the last item in the enumeration).

Example of pupils' exchange

A: *Dans ton cartable, il y a un cahier, une calculatrice, des ciseaux et une règle.*

B: *Il y a une chose.* or *Il y a trois choses. Il y a deux choses dans l'ordre.* or *Oui! C'est ça.*

Extend more able pupils

– by introducing the negative form *il n'y a pas de* and encouraging pupils to use it whenever appropriate.

Transcript CD tracks 5–6

1. *Alors, dans mon cartable, il y a...*
   1. *une calculatrice;*
   2. *un livre;*
   3. *une trousse;*
   4. *des crayons de couleurs;*
   5. *une règle;*
   6. *un cahier;*
   7. *un classeur;*
   8. *des ciseaux. Alors, bien, bien. Voilà, mon cartable est prêt pour aller à l'école!*
      Tu es sûre? Il y a une calculatrice, un livre, une trousse, des crayons de couleurs, une règle, un cahier, un classeur, des ciseaux?
      Oui, oui, oui!

2. *Dans ton cartable, il y a une règle, des ciseaux, une calculatrice et un classeur.*
   Non!
   Hum…Dans ton cartable, il y a des crayons de couleurs, un livre, une trousse et un cahier.
   Il y a quatre choses. Il y a une chose dans l'ordre.
   Dans ton cartable, il y a des crayons, un cahier, un livre et une trousse.
   Il y a quatre choses.
   Oh là là! Alors, dans ton cartable, il y a une trousse, un livre, des crayons et un cahier.
   Il y a quatre choses. Il y a deux choses dans l'ordre!
   Ah ah! Dans ton cartable, il y a une trousse, un livre, un cahier et des crayons.
   Oui, il y a quatre choses dans l'ordre! Super! Bravo!

Answers to activities

1.

un livre	2	une règle	5
un cahier	6	des crayons de couleurs	4
un classeur	7	des ciseaux	8
une trousse	3		
une calculatrice	1		

2. grid B

Nom: _____

Animaux sympa

1. **Which are the most popular pets in France? Listen and number the pictures in the order they are mentioned.**

a) un chat b) un chien c) un chimpanzé d) un hamster e) un lapin

f) un perroquet g) une perruche h) un poisson i) un rat j) un serpent

2. **Zoé and Ali have both got lots of pets. Listen to find out who has more pets. Tick the animals in the chart below.**

Zoé										
Ali										

3. **Play the spot-the-difference game on the flipbook. Say what animals you have in your pet shop and ask your partner questions to find out what animals he/she has. Find the differences and write them here.**

Attention!
J'ai **un** chat.
Je n'ai **pas de** chat.

Différences

Image A	Image B
1. J'ai un chien.	1. J'ai deux chiens.
2.	2.
3.	3.
4.	4.
5.	5.
6.	6.
7.	7.

4. **Invent two pet shops and write which animals you have in each. « Animaux sympa » is for nice, sweet pets, and « Bêtes et méchants » is for 'nasty' ones. (Use a dictionary to find other animals to add to those mentioned on this sheet.) You could illustrate your lists too.**

 example *Dans mon magasin « Animaux sympa », j'ai…/je n'ai pas de…*

Animaux sympa

NC AT levels
2.2, 1.2 [3.1, 4.2]
framework objectives
7S4, 7S5, 7S9,
7L1, 7L2, 7L3,
7L4, 7L6

Aim

Pupils ask and answer questions in order to find six more differences between the two pictures.

Key language

J'ai...	un poisson
un chat	un rat
un chien	un serpent
un chimpanzé	Je n'ai pas de chien.
un hamster	Tu as un chat?
un lapin	c'est différent
un perroquet	c'est pareil
une perruche	

Teaching suggestions

Make sure all pupils are familiar with the pets vocabulary and understand that the determiner changes to *de* after a negative.

Example of pupils' exchange

A: J'ai un chien (dans mon magasin). Et toi?

B: Oui. j'ai un chien. C'est pareil. (or Non. Je n'ai pas de chien./Moi, j'ai deux chiens. C'est différent.)

Extend more able pupils

– by including colours in the descriptions, e.g.

A: Tu as un chien noir?

B: Oui, j'ai un chien noir…et aussi un chien blanc.

– by including positions, e.g.

A: Tu as un chat à gauche/à droite/au milieu/en haut/en bas?

Transcript CD tracks 7–8

1. Voici le hit-parade des animaux.
   Le numéro un, c'est…un chien!
   Le numéro deux, c'est…un chat!
   Le numéro trois, c'est…un poisson!
   Le numéro quatre, c'est…une perruche!
   Le numéro cinq, c'est…un hamster!
   Le numéro six, c'est…un lapin!
   Le numéro sept, c'est…un rat!

   Le numéro huit, c'est…un perroquet!
   Le numéro neuf, c'est… un serpent!
   Et enfin...
   Le numéro dix, c'est…un chimpanzé!
   Mais non, un chimpanzé? Il y a une erreur, non? Pas possible, un chimpanzé…

2. Regarde, Ali. J'ai un chien.
   Il s'appelle Hector.
   Génial! Tu as un chat?
   Non, je n'ai pas de chat.

   Tu as un hamster?
   Non, je n'ai pas de hamster… mais j'ai un rat!
   Hmm!
   Et j'ai des poissons…et une perruche!
   Pas mal!
   Et toi? Tu as une perruche?
   Non, je n'ai pas de perruche.
   J'ai un perroquet…j'ai deux chats…et un serpent!
   Un serpent?! Brrr…je n'aime pas les serpents, moi!

Answers to activities

1.
un chat	2
un chien	1
un chimpanzé	10
un hamster	5
un lapin	6
un perroquet	8
une perruche	4
un poisson	3
un rat	7
un serpent	9

2. Zoé: un chien, un rat, des poissons, une perruche
   Ali: un perroquet, deux chats, un serpent
   Zoé has more pets.

3.
Image A	Image B
1. J'ai un chien.	1. J'ai deux chiens.
2. J'ai trois lapins.	2. Je n'ai pas de lapins.
3. Je n'ai pas de poissons.	3. J'ai quatre poissons.
4. J'ai un serpent.	4. Je n'ai pas de serpent.
5. J'ai deux perruches.	5. J'ai une perruche.
6. J'ai deux rats.	6. J'ai un rat.
7. Je n'ai pas de chimpanzé.	7. J'ai un chimpanzé.

Le bon prix

1. Label each picture with the correct letter. Then listen to check your answers.

1.
2.
3.
4.
5.
6.
7.
8.
9.

a) *un appareil photo*

b) *une calculatrice*

c) *un CD*

d) *un DVD*

e) *un sac*

f) *une montre*

g) *un portable*

h) *une torche*

i) *un baladeur MP3*

2. The price labels at this shop have got muddled. Listen and tick or cross each label to show if it is correct.

a) 45 €
b) 69 €
c) 57 €
d) 30 €

3. a) Do the activity on the flipbook. Estimate how much it will cost you to buy all nine items. Circle one of these amounts.

| 300 € | 330 € | 350 € | 400 € | 450 € |

b) Check prices with your partner and write down the cheapest for each item.

un CD	
un DVD	
une calculatrice	
un portable	
un baladeur MP3	
une montre	
un appareil photo	
une torche	
un sac	
total	

c) Compare your estimated total with the actual total. Whose estimate is closer?

4. You have 200 euros to spend. Write a paragraph saying which of the items you buy and where.

 J'achète une torche à Miniprix.

Le bon prix

Aim

Pupils estimate a total needed to buy a number of items. They exchange information on prices in different shops (using numbers 20–69) to find the best price for each item. The winner is the one whose estimated total is closest to the actual total.

*NC AT levels
2.2, 1.1 [3.1, 4.2]
framework objectives
7W1, 7S1, 7L1,
7L2, 7L3, 7L4,
7L5, 7L6*

Key language

numbers 20–69
un appareil photo
un baladeur MP3
une calculatrice
un CD
un DVD
une montre
un portable

un sac
une torche
[name of item], c'est
   combien à [name of
   shop]?
À [name of shop],
   [name of item] c'est
   X euros.

Teaching suggestions

Make sure all pupils are comfortable with the productive use of numbers 20–69, how to pronounce the names of the items on sale and the question and answer structures for asking/giving a price.

Example of pupils' exchange

A: Un CD, c'est combien à Miniprix?
B: À Miniprix, un CD c'est 20 euros. Et à Maxishop?

Extend more able pupils

– by asking them to guess the prices they don't know, e.g.
A: À Uniprix, un DVD, c'est 30 euros?
   Their partner can use *plus* or *moins* to guide them to the right price, e.g.
B: Non, moins.
A: 27 euros?
B: Non, plus.
A: 28 euros?
B: Oui!

Transcript CD tracks 9–10

1. *Bienvenue à tous et voici les offres spéciales pour aujourd'hui:
Numéro un: une calculatrice;
Numéro deux: un CD;
Numéro trois: un baladeur MP3;
Numéro quatre: un appareil photo;
Numéro cinq: un DVD;
Numéro six: un portable;*

*Numéro sept: un sac;
Numéro huit: une montre;
Numéro neuf: une torche.*

2. a) *La montre, c'est combien?
La montre, c'est cinquante-cinq euros.*
  b) *Le portable, c'est combien?
Le portable, c'est soixante-neuf euros.*

  c) *L'appareil photo, c'est combien?
L'appareil photo, c'est cinquante-sept euros.*
  d) *La torche, c'est combien?
La torche, c'est vingt-huit euros.*

Answers to activities

1. 1b; 2c; 3i, 4a;
5d; 6g; 7e; 8f;
9h
2. a) ✗ 55 €
  b) ✓
  c) ✓
  d) ✗ 28 €
3. b) See circled prices in the table on the right.
  c) Total of one of each item at cheapest price: 330 euros

	un CD	un DVD	une calculatrice
Miniprix	(20 €)	25 €	(30 €)
Maxishop	21 €	(20 €)	34 €
Uniprix	22 €	28 €	32 €
	un portable	**un baladeur MP3**	**une montre**
Miniprix	69 €	43 €	56 €
Maxishop	62 €	(35 €)	49 €
Uniprix	(57 €)	48 €	(45 €)
	un appareil photo	**une torche**	**un sac**
Miniprix	67 €	(29 €)	(34 €)
Maxishop	(60 €)	33 €	36 €
Uniprix	69 €	40 €	45 €

Marathon en famille

1. Listen and underline the correct caption for each picture.

a)
les demi-sœurs de Cendrillon
les sœurs d'Aladin

b)
le frère d'Aladin
l'oncle d'Aladin

c)
la mère de Cendrillon
la belle-mère de Cendrillon

d)
la grand-mère du Petit Chaperon rouge
le père de Cendrillon

2. Listen and number the characters in the order they are mentioned.

a)    b)    c)    d)

3. Play the game on the flipbook. Use the space below to write the names of the characters whose position you know and to keep track of what your partner tells you.

1. _____   6. _____

2. _____   7. _____

3. _____   8. _____

4. _____   9. _____

5. _____   10. _____

4. Once your list is complete, finish this article about the marathon for a local newspaper. Remember to mention all ten runners.

 Bravo à tous les coureurs du marathon et voici les résultats: le numéro un, c'est...

Aim

Pupils ask each other questions to find out the order in which some famous storybook characters and their family members finish a marathon. Whoever completes the full list of finishing positions first is the winner.

NC AT levels
2.2, 1.2 [3.1, 4.2]
framework objectives
7S4, 7L1, 7L2,
7L4, 7L5

Key language

numbers 1–10	le père
Cendrillon	le frère
Aladin	les demi-sœurs
le Petit Chaperon	l'oncle
rouge	la grand-mère
la mère	relative + de + person
la belle-mère	

Teaching suggestions

Pupils must be able to count to ten. Make sure all pupils recognise and can name the three main characters: *Cendrillon/Cinderella, Aladin/Aladdin* and *le Petit Chaperon rouge/* Little Red Riding Hood. They need to know the names of family members and understand the principle of *de* + name to indicate possession, e.g. *le père de Cendrillon.*

Example of pupils' exchange

A: *Le numéro un, c'est le frère d'Aladin?*
B: *Non. Le numéro dix, c'est le père de Cendrillon?*
A: *Oui. Le numéro un, c'est les demi-sœurs de Cendrillon?*

Extend more able pupils

– by suggesting that they describe the physical appearance of each character
– by asking them to attribute personality adjectives to each person, e.g. *Cendrillon est travailleuse/gentille/ sympa*, etc.

Transcript CD tracks 11–12

1. a) *Regarde, c'est les demi-sœurs de Cendrillon.*
   b) *Et ça, c'est qui?*
      C'est le frère d'Aladin.
   c) *Moi, je suis la belle-mère de Cendrillon!*
   d) *Et toi, qui es-tu?*
      Je suis le père de Cendrillon.
      Ah!

2. *Le numéro un, c'est Aladin?*
   Oui.
   Le numéro deux, c'est l'oncle d'Aladin?
   Oui.
   Le numéro trois, c'est le Petit Chaperon rouge?
   Oui.
   Et le numéro quatre, c'est donc Cendrillon!
   Oui! C'est ça!

Answers to activities

1. a) *les demi-sœurs de Cendrillon*
   b) *le frère d'Aladin*
   c) *la belle-mère de Cendrillon*
   d) *le père de Cendrillon*
2. a4; b1; c3; d2

Nom: _____

Tu dors où?

1. Listen and number the rooms
(and garden!) of this haunted house.

2. Listen. Look at the pictures and tick *oui*
or *non* according to what you hear.

> *Il y a un fantôme dans…*

a) *… la salle de bains?*

oui ☐

non ☐

b) *… le bureau?*

oui ☐

non ☐

> *Il y a un vampire dans…*

c) *… les toilettes?*

oui ☐

non ☐

d) *… la cave?*

oui ☐

non ☐

(Haunted house picture)

example

le grenier **1**

le bureau ☐

la salle de bains ☐

la petite chambre ☐

les toilettes

la grande chambre

la cuisine

le jardin

l'entrée

le salon ☐

la salle à manger ☐

la cave ☐

3. Play the game on the flipbook.
   a) Use the picture of the house above to note down where the
   vampires or ghosts are according to the picture on the
   flipbook.
   b) Ask your partner questions to find out where the rest of the
   ghosts or vampires are. Answer his/her questions
   using only *oui* or *non*.
   c) Say where you will sleep tonight!

   Ce soir, je dors dans… _____

4. Look at the picture of the haunted house and write a short article about it in French for the *Daily Spook*
newspaper.

example

Dans la maison hantée, il y a un vampire dans le grenier.

Tu dors où?

NC AT levels
2.1, 1.2 [3.1, 4.2]
framework objectives
7W2, 7S5, 7T5, 7L1,
7L2, 7L3

Aim

Pupils ask each other questions about the location of ghosts and vampires in a haunted house in order to find two 'safe' rooms where they could sleep.

Key language

le bureau	le salon
la cave	les toilettes
la cuisine	Il y a...?
l'entrée	Il y a...
la grande chambre	dans
le grenier	oui
le jardin	non
la petite chambre	le fantôme
la salle à manger	le vampire
la salle de bains	

Example of pupils' exchange

A: Il y a un fantôme dans la cuisine?

B: Oui. Il y a un vampire dans le grenier?

A: Non. Il y a un fantôme dans l'entrée?

A: Ce soir, je dors dans + room.

Teaching suggestions

Make sure all pupils are comfortable with the key language and can ask and state whether there is a ghost/vampire in a room using *il y a + dans +* name of rooms.

Extend more able pupils

– by asking them to produce full answers, e.g. *Oui, il y a un fantôme…/Non, il n'y a pas de fantôme…*

– by including the use of adjectives of colours, e.g. *un fantôme blanc, un fantôme vert, un vampire noir, un vampire rouge*

Transcript CD tracks 13–14

1. 1. Voici le grenier.
   2. Voici la grande chambre.
   3. Voici la salle de bains.
   4. Voici les toilettes.
   5. Voici la petite chambre.
   6. Voici le bureau.
   7. Voici la cuisine.
   8. Voici le salon.
   9. Voici l'entrée.
   10. Voici la salle à manger.
   11. Voici le jardin.
   12. Voici la cave.

2. Il y a un fantôme dans la salle de bains?
   Oui. Il y a un vampire dans les toilettes?
   Oui. Il y a un fantôme dans le bureau?
   Non. Il n'y a pas de fantôme dans le bureau. Il y a un vampire dans la cave?
   Non, il n'y a pas de vampire dans la cave.

Answers to activities

1. as per transcript
2. **a)** *oui;* **b)** *non;* **c)** *oui;* **d)** *non*
3. Vampires are in attic, study, small bedroom, sitting room, dining room.
   Ghosts are in bathroom, large bedroom, garden, kitchen and entrance hall.
   The two rooms not haunted àre les toilettes/the toilet and la cave/the cellar.

À quelle heure?

1. Listen and fill in the times on the clock faces.

a)
`14:20`
example

b)

c)

d)

e)

f)

g)

h)

2. Listen carefully. Tick the two events which are being talked about.

a)
le match de foot
15 h 15 – 19 h 30

b)
le match de rugby
15 h 15 – 17 h 00

c)
le tennis
13 h 05 – 14 h 25

d)
le karaté
13 h 05 – 16 h 25

3. Do the activities on the flipbook.
   a)   Fill in the times you already know on the programme below, then ask your partner for the times you don't know.
   b)   Choose the activities you would like to do on Saturday (taking into account your appointment) and fill them in on the agenda. Tell your partner what you're doing and add up your points, one for each activity. Who's managed to fit in the most?

Programme	*Agenda*
le film ———	13.00 _____
le concert ———	14.00 _____
la fête des écoles ———	15.00 _____
la comédie musicale ———	16.00 _____
le cirque ———	17.00 _____
la visite du musée ———	18.00 _____
le marché ———	19.00 _____
la disco ———	20.00 _____
l'aquagym ———	21.00 _____
le match de foot ———	22.00 _____
la compétition de tennis ———	23.00 _____
la démonstration de karaté ———	

4. Write down your plans for that Saturday, using the 12-hour clock.

example   *À une heure, c'est le marché. À deux heures et demie,…*

À quelle heure?

Aim

Pupils ask each other questions about the start and finish times of activities and events in order to fill in a personal programme of events.

NC AT levels
2.3, 1.2 [3.1, 4.3]
framework objectives
7W2, 7S9, 7L1, 7L2,
7L3, 7L6

Key language

the time using the 24-hour clock
À quelle heure?
ça commence
ça finit
à + time
c'est le/la...
l'aquagym
le cirque
la comédie musicale

la compétition de tennis
le concert
la démonstration de karaté
la disco
la fête des écoles
le film
le marché
le match de foot
la visite du musée

Example of pupils' exchange

B: *Le match de foot, ça commence à quelle heure?*
A: *Ça commence à 13 heures 15.*
B: *Ça finit à quelle heure?*
A: *Ça finit à 14 heures 55.*

Teaching suggestions

Make sure all pupils are comfortable with the key language and can ask for and state start and finish times for events using *à quelle heure, ça commence à, ça finit à.*

Extend more able pupils

- by asking them to look at their filled-in agenda and find a time when they could meet up for a chat, e.g.
A: *Tu es libre à 18 heures?*
B: *Non, c'est l'aquagym. Tu es libre à 20 heures?*
- by asking them to give their opinion about each activity, e.g. *le marché, c'est nul/super; j'adore, je déteste*
- by asking them to say the times using the 12–hour clock, e.g. *13 heures 15 = une heure et quart*

Transcript CD tracks 15–16

1.
 a) *Il est 14 heures 20.*
 b) *Il est 19 heures 30.*
 c) *Il est 9 heures 15.*
 d) *Il est 22 heures 45.*
 e) *Il est 7 heures 50.*
 f) *Il est 15 heures 40.*

 g) *Il est 12 heures 35.*
 h) *Il est 11 heures 10.*

2.
 Ça commence à quelle heure?
 Ça commence à 15 heures 15.
 Ça finit à quelle heure?
 Ça finit à 17 heures.

 D'accord, merci!
 Ça commence à quelle heure?
 Ça commence à 13 heures 05.
 Ça finit à quelle heure?
 Ça finit à 14 heures 25.
 D'accord, merci!

Answers to activities

1. **a)** 14.20; **b)** 19.30; **c)** 9.15; **d)** 22.45; **e)** 7.50; **f)** 15.40; **g)** 12.35; **h)** 11.10
2. b; c
3.

le film	14 h 05 – 16 h 25	le marché	13 h 00 – 17 h 15
le concert	17 h 30 – 19 h 45	la disco	21 h 00 – 23 h 30
la fête des écoles	13 h 00 – 15 h 30	l'aquagym	18 h 20 – 19 h 50
la comédie musicale	20 h 00 – 22 h 10	le match de foot	13 h 15 – 14 h 55
le cirque	15 h 00 – 16 h 40	la compétition de tennis	14 h 10 – 16 h 10
la visite du musée	16 h 35 – 17 h 55	la démonstration de karaté	19 h 25 – 19 h 50

Tu aides à la maison?

1. Listen to this mum saying what she thinks young people can do at home to be the most helpful. Tick the 'You do' column when it's something you do.

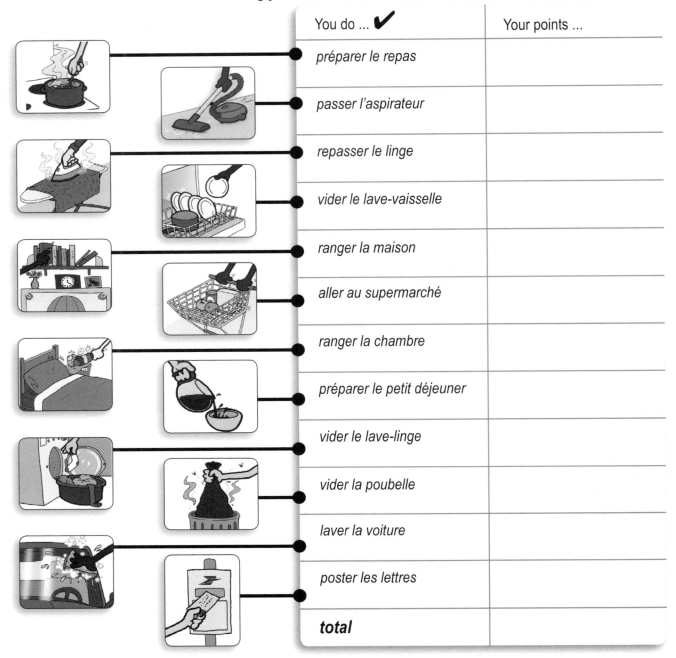

You do ... ✔	Your points ...
préparer le repas	
passer l'aspirateur	
repasser le linge	
vider le lave-vaisselle	
ranger la maison	
aller au supermarché	
ranger la chambre	
préparer le petit déjeuner	
vider le lave-linge	
vider la poubelle	
laver la voiture	
poster les lettres	
total	

2. Listen to her children. Circle their answers with blue for the boy and red for the girl.

Tu prépares le repas?	*oui*	*non*	*de temps en temps*
Tu passes l'aspirateur?	*oui*	*non*	*de temps en temps*
Tu vas au supermarché?	*oui*	*non*	*de temps en temps*

3. Do the activities on the flipbook. Ask each other questions and work out the number of points for each answer. Note down your points in the grid above. Compare your points with your partner's. Who scores the most?

4. Write a letter to the editor of the magazine *Jeunes et gentils,* saying what you do or don't do to help at home.

example *Je prépare le petit déjeuner. De temps en temps, je prépare le repas.*

Tu aides à la maison?

NC AT levels
2.2, 1.2 [3.2, 4.3]
framework objectives
7W5, 7S4, 7S7, 7L1,
7L2, 7L6

Aim

Pupils ask each other questions about what they do to help at home in order to find out who is the most helpful. They shouldn't take the results too seriously.

Key language

aller au supermarché	vider la poubelle
laver la voiture	vider le lave-linge
passer l'aspirateur	vider le lave-vaisselle
poster les lettres	oui
préparer le petit déjeuner	non
préparer le repas	de temps en temps
ranger la maison	Et toi?
ranger ma chambre	j'ai/tu as…point(s)
repasser le linge	je + tu forms of each verb

Teaching suggestions

Make sure all pupils are comfortable with the key language and can ask each other and state what they do to help at home, using regular -er verbs with je and tu, as well as the irregular aller. Check that they understand the system of colour-coding to work out the points for each answer.

Example of pupils' exchange

A: Tu prépares le petit déjeuner?
B: De temps en temps.
A: Alors, tu as deux points.
B: Et toi? Tu prépares le petit déjeuner?
A: Oui, moi, je prépare le petit déjeuner. J'ai trois points.

Extend more able pupils

- by asking them to answer in full sentences, including negatives, e.g. Je ne range pas la maison.
- by asking them to use adverbs of frequency – if known, e.g. tous les jours/souvent/jamais/le week-end
- by asking them to give their opinion about each activity, e.g. laver la voiture, c'est nul/super; j'adore/ je déteste

Transcript CD tracks 17–18

1. Alors…préparer le repas; passer l'aspirateur; repasser le linge; vider le lave-vaisselle; ranger la maison; aller au supermarché; ranger la chambre; préparer le petit déjeuner; vider le lave-linge; vider la poubelle; laver la voiture et…poster les lettres. Voilà!

2. Alors, Noé, tu prépares le repas?
Oui, je prépare le repas.
Et tu passes l'aspirateur?
Euh…non.
Tu vas au supermarché?
Euh…de temps en temps.
Alors, Lucie, tu prépares le repas?
Euh…de temps en temps.

Et tu passes l'aspirateur?
Oui, oui!
Tu vas au supermarché?
Euh…non.

Answers to activities

2. Tu prépares le repas?
Tu passes l'aspirateur?
Tu vas au supermarché?

Noé: oui
Noé: non
Noé: de temps en temps

Lucie: de temps en temps
Lucie: oui
Lucie: non

En ville

1. Listen and number the places in the order they are mentioned.

a) la gare
b) la poste
c) l'office de tourisme
d) l'aéroport
e) le cinéma
f) le café
g) le supermarché
h) la piscine
i) la plage
j) le bowling
k) le zoo
l) le musée

2. Listen to the conversation and tick or cross five of the places above to show whether or not Alizée went there.

3. Look at the flipbook. Find the places your partner visited before he/she finds yours. Record your partner's answers below.

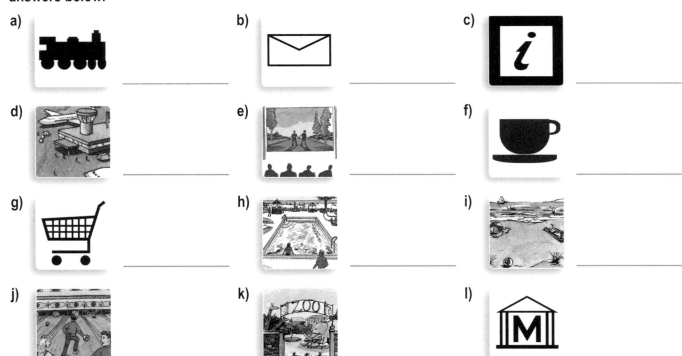

4. Summarise the results here.

Je suis allé(e) _____

Mon/Ma partenaire est allé(e) _____

En ville

NC AT levels
2.2, 1.2 [3.1, 4.2]
framework objectives
7W4, 7W5, 7L1, 7L2, 7L3, 7L6

Aim

Pupils ask and answer questions to find which of the places pictured their partner has visited. The one who finds the four places first is the winner.

Key language

Tu es allé(e)…?	*à l'office de tourisme*
à l'aéroport	*à la piscine*
au bowling	*à la plage*
au café	*à la poste*
au cinéma	*au supermarché*
à la gare	*au zoo*
au musée	*oui/non*

Example of pupils' exchange

A: *Tu es allé(e) au café?*
B: *Non. Tu es allé(e) à la piscine?*
A: *Oui! Tu es allé(e) à l'office de tourisme?*

Teaching suggestions

Make sure all pupils understand what places the illustrations represent and how to use *à la/au/à l'* + place name. The red frames indicate a feminine noun, the blue frames indicate a masculine noun and the green frames indicate places starting with a vowel and which take *à l'*.

Extend more able pupils

– by asking them to give full answers, e.g.
A: *Tu es allé(e) à la plage?*
B: *Oui, je suis allé(e) à la plage.* (or *Non, je ne suis pas allé(e) à la plage.*)

Transcript CD tracks 19–20

1. *Le numéro un, c'est le cinéma.*
   Et le numéro deux, c'est le café.
   Le numéro trois, c'est le supermarché.
   Le numéro quatre, c'est la poste.
   Le numéro cinq, c'est l'aéroport.
   Le numéro six, c'est la gare.
   Le numéro sept, c'est le musée.
   Le numéro huit, c'est l'office de tourisme.
   Le numéro neuf, c'est la piscine.
   Le numéro dix, c'est le zoo.
   Le numéro onze, c'est la plage.
   Et le numéro douze, c'est le bowling.

2. *Qu'est-ce que tu as fait pendant les vacances, Alizée?*
   Tu es allée au cinéma?
   Oui, je suis allée au cinéma.
   Tu es allée au café?
   Non, je ne suis pas allée au café.
   Tu es allée à la piscine?
   Non, je ne suis pas allée à la piscine.
   Tu es allée au zoo?
   Oui, je suis allée au zoo.
   Tu es allée à la plage?
   Oui, je suis allée à la plage…c'était génial!

Answers to activities

1. a6; b4; c8; d5; e1; f2; g3; h9; i11; j12; k10; l7

2. le cinéma ✔
   le café ✗
   la piscine ✗
   le zoo ✔
   la plage ✔

3. **A** l'aéroport
   la gare
   le cinéma
   le zoo

   B l'aéroport
   la plage
   le supermarché
   le musée

Jeu-test: Tu vas vivre 100 ans?

1. Listen and tick or cross the symbols to show how the boy answers.

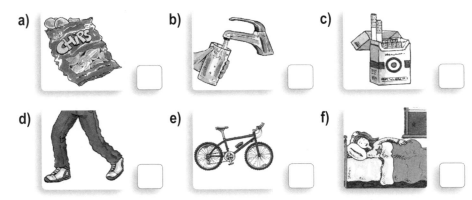

a)   ☐   b)   ☐   c)   ☐

d)   ☐   e)   ☐   f)   ☐

2. Listen to two teenagers being interviewed about their lifestyle. Circle their answers with blue for the boy and red for the girl.

Tu manges des fruits?	*régulièrement*	*de temps en temps*	*jamais*
Tu bois du soda?	*régulièrement*	*de temps en temps*	*jamais*
Tu fais du sport?	*régulièrement*	*de temps en temps*	*jamais*

3. Do the activities on the flipbook.
   a)   Ask each other questions and work out the number of points for each answer. Note down your points in the grid below.
   b)   Compare your total with your partner's. Who has more points?

	you	your partner
1 *manger des fruits*		
2 *manger des chips*		
3 *manger de la salade*		
4 *boire du soda*		
5 *boire un litre d'eau*		
6 *fumer*		
7 *faire du sport*		
8 *regarder la télé*		
9 *aller au collège à pied*		
10 *faire du vélo*		
11 *aider à la maison*		
12 *se coucher de bonne heure*		
total		

4. Write a list of resolutions for improving your lifestyle.

Je vais faire du vélo régulièrement. Je ne vais pas regarder la télé tous les jours.

Jeu-test: Tu vas vivre 100 ans?

NC AT levels
2.3, 1.3 [3.2, 4.3]
framework objectives
7W2, 7S7, 7L1,
7L2, 7L3, 7L5, 7L6

Aim

Pupils ask each other questions to find out who has the healthier lifestyle. They shouldn't take the results too seriously!

Key language

Tu aides à la maison?
Tu bois du soda?
Tu bois un litre d'eau par jour?
Tu fais du sport?
Tu fais du vélo?
Tu fumes?
Tu manges de la salade?
Tu manges des chips?
Tu manges des fruits?
Tu regardes la télé?
Tu te couches de bonne heure?
Tu vas au collège à pied?

Teaching suggestions

Make sure all pupils are comfortable with the key language of the questions and with the adverbs of frequency. Check that they understand the system of colour-coding to work out the points for each answer.

Example of pupils' exchange

A: *Tu manges des fruits?*
B: *De temps en temps.*
A: *Alors, tu as deux points.*
B: *Et toi? Tu manges des fruits?*
A: *Oui, j'adore les oranges, je mange des fruits régulièrement. J'ai trois points.*

Extend more able pupils

– by asking them to answer in full sentences, including negatives, e.g. *Je ne mange jamais de salade.*
– by asking them to expand on the adverbs of frequency, e.g. *Je bois du soda de temps en temps, le week-end, par exemple.*

Transcript CD tracks 21–22

1. *Tu manges des chips?*
   Oui.
   Tu bois un litre d'eau par jour?
   Euh…non.
   Tu fumes?
   Non.
   Tu vas au collège à pied?
   Oui.
   Tu fais du vélo?
   Non.
   Tu te couches de bonne heure?
   Oui.
   OK. Bonne nuit!

2. *Tu manges des fruits?*
   Régulièrement, de temps en temps ou jamais?
   Euh…de temps en temps.
   Tu bois du soda?
   Oui, régulièrement.
   Hmm. Et…tu fais du sport?
   Non, jamais!
   Jamais! Oh là là!
   Tu manges des fruits? Régulièrement, de temps en temps ou jamais?
   Euh…régulièrement!
   Tu bois du soda?
   Ah non, jamais!
   Tu fais du sport?
   Euh…de temps en temps.
   De temps en temps. Très bien, merci.

Answers to activities

1. a) ✔
   b) ✗
   c) ✗
   d) ✔
   e) ✗
   f) ✔

2. *Tu manges des fruits?*   **boy:** *de temps en temps*   **girl:** *régulièrement*
   Tu bois du soda?   **boy:** *régulièrement*   **girl:** *jamais*
   Tu fais du sport?   **boy:** *jamais*   **girl:** *de temps en temps*

Les passe-temps préférés

1. Listen and number the pictures in the order they are mentioned.

a)  ☐

b) ☐

c)  ☐

d)  ☐

e)  ☐

f)  ☐

g)  ☐

h)  ☐

i)  ☐

j)  ☐

k)  ☐

l)  ☐

2. Listen and draw lines to link each activity with the correct percentage.

a)

b)

35 %

48 %

51 %

60 %

c)

d)

3. a) Do the activities on the flipbook. First, discuss with your partner and fill in the table below.

Most popular	Least popular
1.	1.
2.	2.
3.	3.

3. b) Ask and answer questions, then write a percentage underneath each symbol in activity 1 above.

3. c) Arrange the hobbies in order of popularity. Compare the results with your predictions in 3a. Did you guess correctly?

1. _____

2. _____

3. _____

4. _____

5. _____

6. _____

7. _____

8. _____

9. _____

10. _____

11. _____

12. _____

4. Write what you think of each of the hobbies. Use *j'adore*, *j'aime bien*, *je n'aime pas beaucoup*, *je déteste*.

 example

J'adore aller au cinéma.

Les passe-temps préférés

Aim

Pupils guess which hobbies are most/least popular and then exchange information to see if they were right.

NC AT levels 2.3, 1.3 [3.1, 4.2]
framework objectives 7W5, 7S1, 7S4, 7L1, 7L2, 7L3, 7L4, 7L5, 7L6

Key language

numbers 20–100
Combien de jeunes aiment...?
aller à la pêche
aller au cinéma
écouter de la musique
faire de la natation
faire du roller
faire du shopping
faire du skate

jouer au foot
jouer aux jeux vidéo
jouer de la guitare
lire
regarder la télé
X pour cent
C'est populaire.
Ce n'est pas populaire.
Je suis d'accord.
Je ne suis pas d'accord.

Example of pupils' exchange

A: Faire du skate, c'est populaire!
B: Je suis d'accord. Aller au cinéma, ce n'est pas populaire.
A: Je ne suis pas d'accord.
B: Combien de jeunes aiment lire?
A: 80 pour cent. Et combien de jeunes aiment jouer au foot?
B: 76 pour cent.

Teaching suggestions

Make sure all pupils know the hobbies vocabulary, numbers up to 100 for the percentages, *aimer* + infinitive and how to agree/disagree.

Extend more able pupils

– by asking them to use *plus* or *moins* when putting the hobbies in order, e.g.

A: Faire du skate est plus populaire que faire de la natation.

Transcript CD tracks 23–24

1.
1. Moi, j'aime bien aller au cinéma.
2. J'adore écouter de la musique.
3. J'aime beaucoup jouer de la guitare.
4. Euh…j'aime aller à la pêche.
5. Moi, j'aime bien faire du shopping.
6. J'aime beaucoup faire de la natation.
7. J'adore jouer aux jeux vidéo.
8. Euh…j'aime faire du roller.
9. Moi, j'aime bien lire.
10. J'aime jouer au foot.
11. J'aime beaucoup regarder la télé.
12. J'adore faire du skate.

2. Combien de jeunes aiment jouer au basket?
Soixante pour cent des jeunes aiment jouer au basket.
Combien de jeunes aiment jouer du piano?

Trente-cinq pour cent des jeunes

aiment jouer du piano.
Combien de jeunes aiment danser?
Quarante-huit pour cent des jeunes aiment danser.
Combien de jeunes aiment faire de la photographie?
Cinquante et un pour cent des jeunes aiment faire de la photographie.

Answers to activities

1. a9; b10; c2; d11; e12; f6; g4; h7; i3; j5; kl; l11

2. a) 60 %
   b) 35 %
   c) 48 %
   d) 51 %

3. c)
1. écouter de la musique
2. regarder la télé
3. lire
4. jouer au foot
5. aller au cinéma
6. jouer aux jeux vidéo
7. faire du shopping
8. faire du skate
9. faire de la natation
10. jouer de la guitare
11. aller à la pêche
12. faire du roller

Au collège

1. Listen and then number the subjects in the order they are mentioned.

a) *l'histoire* `1`

b) *la géo* ☐

c) *le français* ☐

d) *l'anglais* ☐

e) *les maths* ☐

f) *l'éducation physique* ☐

g) *la technologie* ☐

h) *les sciences* ☐

example

1	2	3	4
français	anglais	maths	géo

2. Listen to Luc and Léa playing the game and work out which is Luc's grid (A, B or C). Tick the box.

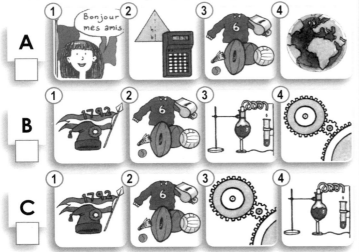

A ☐

B ☐

C ☐

3. Play the two games on the flipbook and record your answers in the blank grid on the right-hand side of this sheet.

4. Write down your four favourite subjects, adding one odd-one-out. Swap your list with a partner. Try to work out each other's odd-one-out.

example

A: writes: *J'aime les maths, les sciences, la technologie, l'histoire et le français.*

B: *Tu aimes les sciences, la technologie, l'histoire et le français.*

A: *Non!*

B: *Tu aimes les maths, les sciences, la technologie et le français.*

A: *Oui!*

Aim

Pupils play a game requiring them to work out a combination of school subjects they like, using *j'aime/tu aimes* + subject.

NC AT levels
2.2, 1.2 [3.2, 4.2]
framework objectives
7W1, 7S1, 7L1, 7L2,
7L4, 7L6

Key language

j'aime	*l'histoire*
tu aimes	*les maths*
l'anglais	*les sciences*
l'éducation physique	*la technologie*
le français	*dans l'ordre*
la géo	

Example of pupils' exchange

A: *Tu aimes le français, l'anglais, les maths et la géo.*

B: *J'aime une matière.*

A: *Alors, tu aimes l'histoire, le français, l'éducation physique et la technologie.*

B: *J'aime trois matières…dans l'ordre!*

A: *Bon, alors, tu aimes l'histoire, le français, l'éducation physique et les sciences.*

B: *Oui! C'est ça!*

Teaching suggestions

Make sure all pupils are comfortable with the key language and can ask their partners and state what school subjects they like. Point out the position of *et* (before the last item in the enumeration).

Extend more able pupils

– by asking them to give their real opinion on each subject once their partner has worked out their combination, e.g. *J'aime bien le français parce que c'est intéressant. Je n'aime pas les maths parce que c'est compliqué/nul.*

Transcript CD tracks 25–26

1. *Au collège, comme matières, j'aime…*
   1. *l'histoire;*
   2. *le français;*
   3. *la géo;*
   4. *l'anglais;*
   5. *les maths;*
   6. *la technologie;*
   7. *les sciences;*
   8. *l'éducation physique.*
      Toi, tu aimes l'éducation physique?

Oui oui oui! C'est super! 1, 2, 3… 1, 2, 3…

2. *Au collège, tu aimes la géo, le français, les maths et l'anglais. Non!*
   Hum…alors, tu aimes les sciences, l'éducation physique, la technologie et l'histoire. J'aime les quatre matières! Il y a une matière dans l'ordre. Bien, alors, tu aimes les sciences, l'histoire, l'éducation physique et la technologie. Il y a quatre matières. Oh là là! Alors, tu aimes l'histoire, l'éducation physique, la technologie et les sciences. Il y a quatre matières. Il y a deux matières dans l'ordre! Ah ah! Alors, tu aimes l'histoire, l'éducation physique, les sciences et la technologie. Oui, c'est ça! Super! Bravo!

Answers to activities

1. a1; b3; c2; d4; e5; f8; g6; h7
2. grid B

Nom: _____

L'emploi du temps

1. **Listen and draw lines to match the information you hear.**

 espagnol — lundi — 9 h

français — mardi — 10 h

dessin — mercredi — 11 h

musique — jeudi — 14 h

informatique — vendredi — 15 h

permanence — samedi — 16 h

2. **a) Listen and tick the question you hear.**

1. *Est-ce que tu as français le mardi à 10 heures?* ☐

Qu'est-ce que tu as le mardi à 10 heures? ☐

2. *Qu'est-ce que tu as le jeudi à 9 heures?* ☐

Est-ce que tu as maths le jeudi à 9 heures? ☐

b) From a–d below, choose the appropriate answers for the questions you ticked, then listen to check.

a) *Oui, j'ai dessin et musique.*
b) *J'ai maths.*
c) *J'ai espagnol à 11 heures.*
d) *Non, j'ai espagnol.*

3. **Play the game on the flipbook. Use the timetable below to note your partner's answers.**

	lundi	mardi	mercredi	jeudi	vendredi	samedi
9 h						
10 h						
11 h						
12 h	déjeuner					
14 h						
15 h						
16 h						

4. **Think of your own timetable and list when your least favourite subjects are!**

example

J'ai quatre heures de maths, le lundi à 9 heures, le mardi à 11 heures...
J'ai trois heures de français, le mardi à 13 heures...

L'emploi du temps

Aim

Pupils play a guessing game where they ask each other questions about their timetable (using *est-ce que/qu'est-ce que tu as...*) and try to be the first to work out when the other has all their French lessons.

NC AT levels
2.3, 1.2 [3.1, 4.2]
framework objectives
7W3, 7S4, 7L1, 7L2, 7L4, 7L6, 7C2

Key language

Est-ce que tu as...?	*la musique*
Qu'est-ce que tu as...?	*la permanence*
j'ai	*les sciences*
tu as	*la technologie*
l'anglais	*à + time*
le dessin	*le + day of the week*
l'éducation physique	*lundi*
l'espagnol	*mardi*
le français	*mercredi*
la géo	*jeudi*
l'histoire	*vendredi*
l'informatique	*samedi*
les maths	

Teaching suggestions

Make sure all pupils are comfortable with the key language and can ask their partners and state what is on the timetable using *avoir* + name of subject (without determiner), *à* + time and *le* + day of the week.

Example of pupils' exchange:

A: *Qu'est-ce que tu as le lundi à 9 heures?*
B: *J'ai anglais. Qu'est-ce que tu as le mardi à 14 heures?*
A: *J'ai français!*
B: *Super! J'ai un point.*
A: *Est-ce que tu as français le jeudi à 16 heures?*
B: *Oui!*
A: *Super! J'ai deux points.*

Extend more able pupils

- by asking them to produce negative sentences, e.g. *Non, je n'ai pas français le mardi à 15 heures.*
- by asking them to add their opinion of each subject, e.g. *J'ai français. C'est super!/C'est nul. J'aime bien/ Je déteste ça.*
- by suggesting that they ask the questions using *Quels jours/À quelle heure est-ce que...*, e.g.

A: *Quels jours est-ce que tu as anglais?*
B: *J'ai anglais le lundi, le jeudi et le vendredi.*
A: *À quelle heure est-ce que tu as anglais le lundi?* (one question they can't ask: *Quels jours tu as français?*)

Transcript CD tracks 27–28

1. *J'ai espagnol le mardi à 9 heures.*
   J'ai français le vendredi à 11 heures.
   J'ai dessin le lundi à 16 heures.
   J'ai musique le jeudi à 14 heures.
   J'ai informatique le samedi à 10 heures.
   J'ai permanence le mardi à 15 heures.

   Et le mercredi, je n'ai pas cours! C'est super!
2. 1. *Est-ce que tu as français le mardi à 10 heures?*
   2. *Qu'est-ce que tu as le jeudi à 9 heures?*
   NB: Pause the CD here. Let pupils work out the answers before playing the second part

   below.
   1. *Est-ce que tu as français le mardi à 10 heures?*
      Non, j'ai espagnol.
   2. *Qu'est-ce que tu as le jeudi à 9 heures?*
      J'ai maths.

Answers to activities

1.				3. b)	A		
	espagnol	mardi	9 h			lundi à 11 heures	vendredi à 9 heures
	français	vendredi	11 h			mardi à 14 heures	c) histoire
	dessin	lundi	16 h			jeudi à 9 heures	
	musique	jeudi	14 h			vendredi à 11 heures	
	informatique	samedi	10 h		B	lundi à 15 heures	
	permanence	mardi	15 h			mardi à 11 heures	

2. *Est-ce que tu as français le mardi à 10 heures?*   d
   Qu'est-ce que tu as le jeudi à 9 heures?   b

jeudi à 16 heures

Nom: _____

L'école: tu aimes ou pas?

1. First read the words in the clouds. Then listen and tick them as they are mentioned.

tu as

tu aimes

c'est

manger à la cantine

les profs

les cours

les devoirs

les voyages scolaires

des copains

les clubs

les bonnes notes

le week-end

faire le clown en classe

des problèmes

le travail

ennuyeux fatigant

important sympa

nul bien

2. Listen and tick Lucie's answers in the grid.

	1	2	3	4
très/beaucoup				
un peu				
pas du tout				

3. Do the tests on the flipbook. Record your partner's answers here and add up his/her points. Who is more positive about school? Read the results on the flipbook.

	1	2	3	4	5	6	Points	1	2	3	4	5	6	Points
très/beaucoup														
un peu														
pas du tout														

4. Write six more questions for a test about school using the words in the clouds. Make it fun! Exchange with a partner.

example

1. *Tu aimes les devoirs?*

2. *Faire le clown en classe, c'est fatigant?*

Aim

Pupils ask each other questions about how positive or negative they are about certain aspects of school life and answer using intensifiers: *très/beaucoup, un peu, pas du tout.*
They shouldn't take the results too seriously.

NC AT levels
2.3, 1.3 [3.2, 4.3]
framework objectives
7T1, 7T2, 7T6,
7L1, 7L4, 7L5, 7L6

Key language

Tu aimes...?	*les voyages scolaires*
Tu as...?	*le week-end*
C'est...?	*manger à la cantine*
des problèmes	*ennuyeux*
faire le clown	*fatigant*
les bonnes notes	*nul*
les clubs	*important*
les copains	*bien*
les cours	*sympa*
les devoirs	*très/beaucoup*
les profs	*un peu*
le travail	*pas du tout*

Teaching suggestions

Make sure all pupils are comfortable with the key language and can ask and answer the questions on the flipbook. Point out that they have to use *très* with adjectives, *beaucoup* with *tu aimes* and *beaucoup de* with *tu as*.

Example of pupils' exchange:

A: *Les cours, c'est ennuyeux?*
B: *Oui, très!/Non, pas du tout/Un peu.*
A: *Tu as ... point(s).*

Extend more able pupils

– by asking them to produce full answers, including negative sentences and quantifiers, e.g. *Oui, les cours, c'est très ennuyeux/c'est un peu ennuyeux/ce n'est pas du tout ennuyeux.*
Oui, j'ai beaucoup de problèmes/j'ai un peu de problèmes/je n'ai pas du tout de problèmes.
– by asking them to add an opinion after each answer, e.g. *Oui, les cours, c'est très ennuyeux, surtout l'histoire! Je déteste ça!*

Transcript CD tracks 29–30

1. *Les cours,...c'est...ennuyeux?*
   Tu as...des problèmes à l'école?
   Le travail,...c'est...fatigant?
   Les devoirs,...c'est...nul?
   Tu aimes...faire le clown en classe?
   Tu aimes...le week-end?
   Tu aimes...manger à la cantine?

   Les bonnes notes,...c'est... important?
   Tu aimes...les profs?
   Les voyages scolaires,...c'est... sympa?
   Les clubs à l'école,...c'est...bien?
   Tu as...des copains à l'école?

2. 1. *Les cours, c'est ennuyeux?*
      Oui, très!
   2. *Tu as des problèmes à l'école?*
      Oui, beaucoup.
   3. *Tu aimes manger à la cantine?*
      Non, pas du tout.
   4. *Les bonnes notes, c'est important?*
      Un peu.

Answers to activities

1. all words should be ticked
2.

	1	2	3	4
très/beaucoup	✔	✔		
un peu				✔
pas du tout			✔	

Nom: _____

Médailles pour tous

1. Listen and number the sports in the order they are mentioned.

a)  □

b)  □

c)  □

d)  □

e)  □

f)  □

2. Underline the correct part of the verb after each pronoun, then listen to check.

a) *je joue/jouons au foot*

b) *tu joues/jouais au foot*

c) *elle jouez/joue au foot*

d) *on joue/joué au foot*

e) *nous joue/jouons au foot*

f) *vous jouez/joue au foot*

g) *ils jouent/jouons au foot*

h) *je fais/faites du ski*

i) *tu faisons/fais du ski*

j) *elle fait/font du ski*

k) *on font/fait du ski*

l) *nous faisons/fait du ski*

m) *vous fais/faites du ski*

n) *ils font/fait du ski*

3. Look at the flipbook. Make sentences using a pronoun, the correct part of the verb and a sport to give coordinates in order to locate the ten medals which are hidden in your partner's grid. Record your answers in the grid below.

	je	tu	il/elle	on	nous	vous	ils/elles
⚽							
🥋							
🎾							
⛷							
🏉							
🥊							

4. Write a short paragraph saying whether you do these sports at school, using *nous* or *on*.

 Nous jouons au foot. Nous ne faisons pas de judo.

On joue au tennis. On ne fait pas de ski.

Médailles pour tous

Aim

Pupils make sentences using different parts of the present tense of verbs *jouer* and *faire* and the various sports in order to provide coordinates for a battleships-style game where they have to collect as many medals as possible to win.

NC AT levels
2.2, 1.3 [3.2, 4.3]
framework objectives
7W5, 7T6, 7L1,
7L2, 7L3, 7L6

Key language

present tense of jouer	du judo
present tense of faire	du ski
au foot	une médaille
au tennis	d'or
au rugby	d'argent
de la boxe	de bronze

Teaching suggestions

Pupils need to be familiar with the full present tense conjugation of *jouer* and *faire*. Draw attention to the fact that the present tense endings of *-er* verbs are all pronounced in the same way, except for the *nous* and *vous* forms. Similarly, point out that *fais/fait* are pronounced in the same way.

Make sure all pupils understand how to give and respond to a sentence as coordinates.

Pupils also need to know which sports take *jouer à* (see pictures on pink background) and which take *faire de* (see pictures on grey background). They should be able to change these to *au/du* where appropriate.

For activity 4 on the worksheet, pupils need to understand that *du/de* la change to *de* after a negative.

Example of pupils' exchange

A: *Elles jouent au foot.*

B: *Non.*

A: *Vous faites du ski.*

B: *Bravo! Tu gagnes une médaille (d'or/d'argent/de bronze).*

Extend more able pupils

– by asking them to give full answers in their replies, e.g. *Non, elle ne fait pas de…*

Transcript CD tracks 31–32

1.
   1. *Je joue au rugby.*
   2. *Nous jouons au tennis.*
   3. *On joue au foot.*
   4. *Tu fais du judo?*
   5. *Non, je fais de la boxe.*
   6. *Regarde…ils font du ski.*

2.
   a) *je joue au foot*
   b) *tu joues au foot*
   c) *elle joue au foot*
   d) *on joue au foot*
   e) *nous jouons au foot*
   f) *vous jouez au foot*
   g) *ils jouent au foot*
   h) *je fais du ski*
   i) *tu fais du ski*
   j) *elle fait du ski*
   k) *on fait du ski*
   l) *nous faisons du ski*
   m) *vous faites du ski*
   n) *ils font du ski*

Answers to activities

1. a2; b3; c4; d6; e1; f5
2.
   a) *je joue au foot*
   b) *tu joues au foot*
   c) *elle joue au foot*
   d) *on joue au foot*
   e) *nous jouons au foot*
   f) *vous jouez au foot*
   g) *ils jouent au foot*
   h) *je fais du ski*
   i) *tu fais du ski*
   j) *elle fait du ski*
   k) *on fait du ski*
   l) *nous faisons du ski*
   m) *vous faites du ski*
   n) *ils font du ski*

Nom: _____

L'école de musique

1. Write a letter in each box to match each instrument with its label. Then listen to check your answers.

On joue de la guitare. ☐   *On joue de la trompette.* ☐   *On joue du piano.* ☐   *On joue du saxophone.* ☐

a)    b)    c)    d)

e)    f)    g)    h)

On joue de la flûte. ☐   *On joue de la batterie.* ☐   *On joue du violon.* ☐   *On joue du xylophone.* ☐

2. Listen and tick the correct day and time.

a)

samedi à dix heures ☐
mardi à deux heures ☐

b)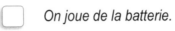

lundi à neuf heures ☐
jeudi à quatre heures ☐

c)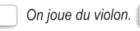

mercredi à trois heures ☐
vendredi à onze heures ☐

3. a) Look at the flipbook. Write in the instruments you know in the timetable below.

	lundi	mardi	mercredi	jeudi	vendredi	samedi
9 h						
10 h						
11 h						
2 h						
3 h						
4 h						

b) Ask and answer questions to complete the timetable.
c) On which day would the guitar teacher be least missed? _____

4. Write your ideal timetable for a day at this music school.

 Lundi à 9 heures, on joue de la batterie. À 10 heures, on joue de la trompette.

L'école de musique

Aim

Pupils exchange information in order to complete a timetable and find the best day for the guitar teacher to be absent. They work together to choose the day when the guitar teacher would be least missed.

NC AT levels
2.3, 1.3 [3.2, 4.3]
framework objectives
7W1, 7W2, 7S4, 7S6, 7L1,
7L2, 7L3, 7L4,
7L5, 7L6

Key language

days of the week	de la guitare
à 9/10/11/2/3/4 heures	du piano
Je joue…	du saxophone
Je voudrais jouer...	de la trompette
On joue…	du violon
de la batterie	du xylophone
de la flûte	

Example of pupils' exchange

A: Qu'est-ce qu'on fait lundi à 10 heures?
B: On joue du violon. Qu'est-ce qu'on fait jeudi à trois heures?

Teaching suggestions

Make sure all pupils are familiar with the days of the week, giving the time on the hour and the names of the musical instruments. They need to understand how to use *jouer de* + musical instrument. The blue squares on the timetable indicate a masculine instrument and the red squares indicate a feminine instrument.

Extend more able pupils

– by asking them to sum up each day once it is completed, e.g.

A: Alors, lundi à 9 heures, on joue du piano, à 10 heures, on joue du violon, à 11 heures, on joue de la batterie…

Transcript CD tracks 33–34

1. a) On joue du piano.
   b) On joue de la guitare.
   c) On joue du violon.
   d) On joue de la flûte.
   e) On joue de la trompette.
   f) On joue du xylophone.

   g) On joue du saxophone.
   h) On joue de la batterie.

2. a) Samedi, à dix heures, on joue du piano.
   b) Jeudi, à quatre heures, on joue de la guitare.
   c) Vendredi, à onze heures, on joue du violon.

Answers to activities

1. a) On joue du piano.
   b) On joue de la guitare.
   c) On joue du violon.
   d) On joue de la flûte.
   e) On joue de la trompette.
   f) On joue du xylophone.
   g) On joue du saxophone.
   h) On joue de la batterie.

2. a) samedi, à dix heures
   b) jeudi, à quatre heures
   c) vendredi, à onze heures

3.

	lundi	mardi	mercredi	jeudi	vendredi	samedi
9 h	piano	guitare	batterie	flûte	violon	trompette
10 h	violon	guitare	saxophone	trompette	guitare	piano
11 h	batterie	xylophone	guitare	piano	guitare	piano
2 h	guitare	trompette	flûte	piano	batterie	violon
3 h	guitare	saxophone	trompette	violon	flûte	guitare
4 h	flûte	piano	guitare	guitare	xylophone	guitare

The guitar teacher would be least missed on a Thursday.

Le métier idéal

1. **Listen and underline the correct caption for each picture.**

a)

je me lève

je travaille

b)

une fois par semaine

tous les jours

c)

je bois du champagne

je fais une promenade

d)

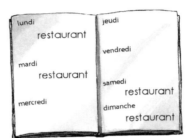

je mange souvent au restaurant

je mange au restaurant très rarement

2. **a) Do the quiz on the flipbook. Record your letters in the chart below. Write in which letter you have most of.**

1.	
2.	
3.	
4.	
5.	
6.	
Mostly	

2. **b) Complete this sentence.**

Pour moi, le métier idéal, c'est _____

3. **Make up a similar quiz to find out an ideal holiday or birthday.**

Je retrouve des copains tous les jours/une fois par semaine/très rarement.

Le métier idéal

NC AT levels
2.3, 1.3 [3.3, 4.3]
framework objectives
7S1, 7S9, 7T2, 7LI,
7L2, 7L3, 7L6

Aim

One pupil does the quiz to discover their ideal job while the other provides details of how to score and the result. They then swap roles. They shouldn't take the results too seriously.

Key language

Je me lève à 6
heures.
Je travaille.
Je porte des
vêtements élégants.
Je fais une promenade
à la campagne.
Je mange dans un bon
restaurant.
Je danse dans une
disco.

Je regarde la télé.
Je bois du champagne.
tous les jours
une fois par semaine/par
mois
un jour par semaine
deux heures par jour
souvent
de temps en temps
très rarement
une majorité de ...

Example of pupils' exchange

A: Je me lève à 6 heures tous les jours.
B: B et A.
A: Je travaille trois jours par semaine.
B: A et E.

Teaching suggestions

Make sure all pupils know the vocabulary, particularly the expressions of frequency. Check that Pupil B understands how to locate the appropriate letters after each statement and interpret the score at the end.

Extend more able pupils

– by asking Pupil B to comment on each statement their partner makes, e.g.

A: Je travaille sept jours par semaine.
B: C'est trop!/beaucoup!/dur!

Transcript CD tracks 35–36

1. **a)** Ah, il est six heures…je me lève.
    b) Je travaille tous les jours.
    c) Qu'est-ce que tu fais?
        Je bois du champagne.
    d) On va au restaurant?
        Oui, je mange souvent au restaurant.

Answers to activities

1. **a)** je me lève
    b) tous les jours
    c) je bois du champagne
    d) je mange souvent au restaurant.